Lauben, Pergolen, Wind- & Sichtschutz

Inhalt

Vorwort 3

Gärten abschirmen 5

Pergolen – Schattenspender und Verstecke 17

Wind-, Sicht- und Sonnenschutz am Balkon 27

Rosenbögen 33

Kletterhilfen für Gemüse 41

Flechtwerk aus Weiden 47

Sichtschutz mit Ampeln, Etageren und Paravents 53

Impressum 64

Vorwort

Meldungen über Krisen machen täglich die Runde. Stress im Berufsleben, negative Erfahrungen im Privatbereich und krankmachende Belastungen durch die Umwelt sind die häufigsten Ursachen gesundheitlicher Störungen. Wie wichtig ist es da geworden, einen Rückzugsort für die Seele zu haben, einen Platz an dem man durch Selbstbesinnung und Meditation zurückfindet zur inneren Ruhe. An dem man durch die alles erneuernde Kraft der Natur lernt, selber auch wieder neue Kraft zu schöpfen.

Durch Überlieferungen wissen wir, dass es seit Menschengedenken – ja selbst seit Adam und Eva – einen zentralen Punkt in unserer unmittelbaren Umgebung und Erlebnissphäre gibt, der das alles erfüllt: Unser Garten.

Sei es nun der große Garten, der unser Haus umschließt, der kleine Vorgarten oder das Blumenbeet, das unseren Eingang säumt – der Balkon-, Terrassen- oder Zimmergarten, der unsere Wohnung ziert, eines haben sie alle gemein: sie sind der wichtigste Lebensraum, den die Natur für uns bereithält, eine Oase im Alltag, eine eigene ganz private Welt, um durchzuatmen, abzuschalten und mit allen Sinnen zu genießen.

Garten ist der Inbegriff von Lust und Freude – und das bedeutet Glücklichsein. Wer dieses Hobby für sich entdeckt hat und ständig erlebt, welche Freude es bereitet, aufkeimende Saat wachsen zu sehen um am Ende die Früchte seiner Arbeit ernten zu können, hat ihn gefunden, den Weg zum Glücklichsein. Der Ratgeber, den sie hier in Händen halten, ist Teil einer mehrbändigen Reihe einzelner Themen. Er soll ihnen dabei helfen, dieses Glück zu erleben.

Meinem verlegerischen Entschluss, ein solch umfangreiches Kompendium herauszugeben, ging die erklärte Absicht voraus, das sehr weit reichende und umfassende Gebiet der Blumen- und Gartenpraxis in einer Vielzahl von einzelnen Themenbüchern darzubieten. Dem Leser sollte somit die Möglichkeit geboten werden, sich ausschließlich mit den Inhalten befassen zu können, die ihn interessieren und mit denen er sich gezielt auseinandersetzen möchte. Dass dies in einer preiswerten Form möglich sein musste, die gleichzeitig zum Sammeln der Bände motiviert, war für mich eine weitere Maxime.

Ich wünsche ihnen viel Freude an diesem Ratgeber und viel Erfüllung bei der Gartenarbeit,

Ihr

Siegfried Lapawa

Gärten abschirmen

Zur attraktiven Gartengestaltung tragen luftige Elemente wie Pergolen, Lauben und Torbögen bei, die sich mit Kletterpflanzen begrünen lassen.

Eigenbauten und Fertigteile nutzen

Pergola mit Sichtschutzwand

Besonders in jungen Gärten, die noch keinen dichten Grüngürtel aus Bäumen und Sträuchern haben, mangelt es am Schutz vor unerwünschten Einblicken und störendem Wind. Zum Einfrieden der offenen Grenzen eignen sich Sichtschutzelemente vom Baumarkt ebenso wie selbstgebaute Abschirmungen oder Heckenpflanzen.

Der Garten hat besonders an schönen Tagen seinen besonderen Wert als „Naherholungsgebiet" vor der Haustüre. Der Freiraum im Grünen bietet Platz für eine Terrasse zum Ausruhen, für einen Rasen zum Spielen, für Beete zum Anbauen von Gemüse und vieles mehr. Der Aufenthalt im Freien macht allerdings nur dann Freude, wenn er jederzeit und ohne Störungen, etwa durch unerwünschte Einblicke oder auch durch windiges Wetter möglich ist. Die Abschirmung der grünen Insel sollte nach dem Hausbau also Priorität haben. Sie ist bereits nach der Fertigstellung des Wohngebäudes mit einfachen Mitteln zu bewerkstelligen. Dazu können Schilfrohrmatten dienen oder einfache Holzelemente. Haltbarer und ansehnlicher sind spezielle Sicht- und Windschutzelemente, die aus verschiedenen Baustoffen geschaffen werden.

Holzwände

Holz ist der ideale Gartenbaustoff, wenn schnell, ohne große Mühe und mit geringen Kosten ein

Rosa, Kletterrose auf Pergola

Sichtschutz oder Windschutz entstehen soll. Das kann etwa ein Holzzaun sein oder eine Palisadenwand. Der natürliche Baustoff ist im Vergleich zu Stein- oder Metallkonstruktionen weniger ausdauernd. Holzwände sind aber wesentlich schneller zu errichten als massive Sichtschutzmauern oder hohe Metallzäune. Mit Hilfe von fertigen Holzelementen, die in verschiedenen Qualitäten in Baumärkten zu bekommen sind, kann an einem Wochenende ein wirksamer Sicht- und Windschutz etwa zum Abschirmen einer neuen Terrasse geschaffen werden. Diese hohen Elemente lassen sich einfach aufstellen (z. B. auf Metallwinkel schrauben oder an vorhandene Zäune montieren) und beliebig erweitern. Sie eignen sich auch sehr gut als Spaliere für Kletterpflanzen.

TIPP: Wasserablauf beschleunigen

Konstruktiver Holzschutz wirkt sich auch bei Zaunpfosten, Latten und dergleichen günstig auf die Haltbarkeit aus. So machen schräge oder geschwungene Holzbauteile den Wasserablauf rascher möglich als waagerechte. Zaunpfosten und dergleichen sollten deshalb stets schräg angeschnitten oder zugespitzt werden.

Serienproduktionen und Eigenkonstruktionen

Das Angebot in Bau- und Gartenmärkten ist groß und bietet für jede Gegebenheit und jeden Geldbeutel etwas Passendes. Natürlich sind auch Eigenkonstruktionen möglich. Selbstverständlich

Pergola als Sichtschutz

Pergola als Sichtschutz

müssen dabei die Bauvorschriften eingehalten werden. In den meisten Fällen dürfen Zäune nicht höher als 125 cm sein. Erkundigen Sie sich also vor einer beabsichtigten Einfriedung beim Ordnungsamt. Wenn niemand gestört wird, beispielsweise bei der Abschirmung eines Zweitsitzplatzes im eigenen Grundstück, ist aber keine Rücksicht auf Nachbarn nötig.

Konstruktiver Holzschutz

Legen Sie schon beim Anlegen des Fundaments Wert auf konstruktiven Holzschutz. Bei Bodenberührung verwittert der Sichtschutzzaun sonst in wenigen Jahren. Eine gute Basis stellt ein Betonfundament dar. In der Regel genügen Punktfundamente, die sich mit Hilfe von Betonrohren schaffen lassen. Darin werden dann passende Pfostenanker einbetoniert. Hier sitzen die Zaunelemente in luftiger Höhe. Falls nötig, etwa bei einem längeren Zaun, kann ein Streifenfundament günstiger sein. Für einfache Sichtschutzelemente kann aber auf Beton ganz verzichtet werden. Hier genügen Pfostenanker aus Metall, die in den Boden geschlagen oder geschraubt werden. Noch einfacher lassen sich Strohmatten montieren. Oft reicht dazu ein vorhandener Maschendrahtzaun aus. Mehr Mühe macht der Bau einer massiven Palisadenwand. Die Rundholzbalken müssen fest und tief genug gründen. Dennoch sollten sie keine Erdbodenberührung haben. Als Basis für die Holzbalken kann eine Schüttung aus Schotter oder Rollkies dienen. Dieses mineralische Füllmaterial gibt den Balken nach dem Verfestigen einen sicheren Halt. Der Schotter oder Rollkies macht zudem den Wasserabzug möglich und trennt die Hölzer vom Mutterboden ab.

Sichtschutz durch Bepflanzung

Je nach Raum und Zeit geben Bäume, Büsche oder Stauden den selben Sichtschutz wie feste Holzbauteile. Heute sind alle möglichen Gartenpflanzen in Kübeln zu bekommen. So genannte Containerpflanzen wachsen nach dem Austopfen und Einsetzen zügig an. Große Sträucher bieten schon nach der Pflanzung einen recht dichten Sichtschutz. Mit 5-6 Kirschlorbeerbüschen, Eiben oder vergleichbaren immergrünen Gehölzen lässt sich eine Terrasse in wenigen Minuten abschirmen. Der wachsende Sichtschutz entwickelt sich dann mit der Zeit und dem entsprechenden Schnitt zunehmend dichter. Solche winterharten Kübelpflanzen lassen sich jederzeit direkt auf die Terrasse holen. Sie können dann – ohne Pflanzung – immer wieder auch umgestellt und neu gruppiert werden. Dabei sind auch gemischte Arrangements etwa mit Blütensträuchern, Immergrünen oder auch mit Obstbäumchen möglich. Jedes Gartencenter hat ein reichhaltiges Sortiment recht preisgünstig parat. Im Vergleich mit südländischen Kübelpflanzen kosten solche Gehölze wenig. Schöne Pflanzgefäße oder Übertöpfe machen die schwarzen Kunststoffcontainer. Wenn die Gehölze zu groß werden oder stören, können sie immer noch einen Platz im Garten bekommen.

Dichte Grünstreifen für große und kleine Gärten

Hecken sind Pflanzstreifen aus sommergrünen und/oder immergrünen Gehölzen, die entweder frei, also strauchförmig breit wachsen, oder streng formiert werden – je nach Platz und Zeit für die Pflege.

Wildstrauchhecken, Blütenhecken und dergleichen brauchen wenig Pflege, aber reichlich Raum zum Ausbreiten. Sie sind dicht und abwechslungsreich, wenn verschiedene Arten richtig arrangiert werden. Formschnitthecken etwa aus Berberitzen, Liguster oder Scheinzypressen lassen sich schmal wie Mauern halten. Sie brauchen jedoch mindestens einmal jährlich einen Schnitt – ausgenommen streng säulenförmige Pflanzen wie etwa Säulenthujen. Sowohl Wildstrauchhecken als auch Formschnitthecken sind ökologisch wertvoller als Mauern oder Zäune. Sie bieten Vögeln und Insekten Schutz, Nistplätze und Futter. Zudem lindern sie Stürme und verbessern das Kleinklima im Garten. Gut gepflegte Hecken können sehr alt werden, jedenfalls älter als beispielsweise Holzzäune, je nach Art der Gehölze. Die Auswahl ist vom Standort abhängig. Es gibt ein umfangreiches Sortiment verschiedenster Gehölze, die sich für freiwachsende oder streng geschnittene Hecken empfehlen. Jedes Gartencenter hat ein Sortiment auf Vorrat.

Kombinationen

Natürlich lassen sich verschiedene Einfriedungs-Arten stellenweise rund ums Grundstück verbinden oder auch miteinander kombinieren. So passt etwa als Windschutz an die Nordseite eine dichte Hecke, während zur Straße eine Mauer abschirmt, aber angrenzende unbebaute Flächen nur mit einem leichten Zaun optisch abgetrennt werden. Verschiedene Eingrenzungen bieten sich auch innerhalb des Gartens zur Raumaufteilung an; so kann etwa eine kleine Beerenobst-Hecke zur Abschirmung des Gemüsegartens dienen oder eine kniehohe Buchsbaum-Hecke zur Einrahmung der Kräuterbeete. Ebenso lassen sich zwei oder mehrere Einfassungs-Arten nebeneinander kombinieren. Ein

Thujenhecke pflanzen

Sitzplatz hinter Hecken

Drahtzaun wird beispielsweise durch Kletterpflanzen bunter und durch eine beigepflanzte Hecke dicht.

Verschiedene Hecken-Typen

Es gibt zwei Hecken-Typen, und zwar Formschnitthecken und Strauchhecken mit lockerem Wuchs. Lockere Hecken aus Blütensträuchern, Fruchtsträuchern oder anderen Gehölzen wachsen recht naturnah auf. Formschnitthecken werden von Anfang an streng erzogen. Das beginnt bei der Pflanzung, wo 3-4 Gehölze pro Meter in die Reihe kommen. Nach dem Anwachsen braucht die junge Hecke mindestens einen Schnitt im Jahr. Die beste Zeit dazu ist im Sommer, etwa Ende Juni, sobald sie den Hauptzuwachs vollendet hat. Danach wächst sie weniger stark und bleibt ziemlich in dieser Form. Hainbuchen, Buchen und andere starkwachsende Arten werden eventuell im Spätsommer nochmal getrimmt.

Welche Heckenpflanzen wählen?

Die Entscheidung für eine bestimmte Heckenart richtet sich unter anderem nach der vorhandenen Fläche und nach der Zeit für die Pflege. Natürlich dürfen starkwüchsige Heckenpflanzen wie Buchen oder Hainbuchen nicht vernachlässigt werden. Diese Waldbäume treiben sonst stark durch und wachsen zu mächtigen Gehölzen heran, wenn sie keinen Schnitt bekommen. Dagegen bleiben Buchsbäumchen oder Zwergberberitzen von Natur aus kompakt. Sie wachsen allerdings auch ziemlich langsam und brauchen viele Jahre bis sie dichte Pflanzstreifen bilden. Recht häufig kommen deshalb Liguster als Heckenpflanzen zum Einsatz. Diese heimischen Sträucher wachsen zügig auf und lassen sich dennoch recht einfach in Form halten.

Prachtstauden und Gräser

Etwas Besonderes stellen Riesenstauden und große Gräser dar. Der Federmohn (Macleaya) etwa und der Sachalinknöterich (Reynoutria sachalinensis) oder das Chinaschilf (Miscanthus sinensis „Giganteus") und das Pfahlrohr (Arundo donax) bringen nach dem Austrieb im Frühjahr kräftige Triebe hervor. Sie bilden meterhohe Büsche. Allerdings breiten sich die vitalen Pflanzen auch durch Wurzelausläufer aus und dringen in den Garten vor. Sie sollten also eine Einschränkung beispielsweise durch Beeteinfassungssteine bekommen. Ebenso starkwüchsig sind einjährige Arten wie Sonnenblumen und Maispflanzen, die im Frühjahr ausgesät werden. Es dauert allerdings bis zum Sommer, bis sie einen dichten Sicht- und Windschutz bilden.

Bambus-Arten als Sichtschutz

Die asiatischen Bambus-Arten sind bekannt für ihre Vitalität. In ihrer Heimat haben sie einen besonderen Wert als Waldpflanzen und als Rohstoff. Hierzulande tragen einige ausgewählte Arten zur Gartengestaltung bei. Die Phyllosta-

Hinweis

Anders als z. B. das Chinaschilf oder das Lampenputzergras, die im Spätwinter bis zum Boden zurückgeschnitten werden, ist bei Bambusbüschen ein Rückschnitt schädlich. Sie verjüngen sich aus den Blattachseln.

Phyllostachys, Bambus, Hecke

chys-Arten brauchen eine tiefreichende Wurzelsperre, sonst dringen ihre kräftigen Ausläufer meterweit in den Garten vor. Sie machen auch vor der Grundstücksgrenze keinen Halt und unterminieren sogar Wege und Straßen!

Der Gartenbambus (Sinarundinaria murielae) fand vor einigen Jahren weltweit Beachtung, und zwar nicht wegen seiner auffälligen Form, sondern weil alle Pflanzen zur selben Zeit zu blühen begannen und danach verwelkten. Es ist kaum abzuschätzen, welche Mengen an Pflanzen von diesem Bambus-Sterben betroffen waren und welche Schäden dadurch entstanden. Angeblich kommt dieses natürliche Ereignis nur ca. alle 100 Jahre vor, zumal die Bambus-Arten nur einmal in ihrem Leben blühen und sich nach der Vermehrung durch Samen verabschieden. Damals blühten alle Pflanzen, die von der selben Mutterpflanze stammten und dadurch die gleichen genetischen Eigenschaften hatten.

Blüten unerwünscht

Anders als bei Ziergehölzen, Stauden und den meisten Ziergräsern sind beim Bambus die Blüten unerwünscht. Vielmehr trägt das feine Blattwerk zur Gestaltung bei. Seit dem großen Sterben haben die Züchter etliche Sorten selektiert, die sich im Wuchs, in der Farbe und in der Robustheit unterscheiden. Allein vom Schirmbambus (Fargesia) gibt es einige Sorten, die 2 bis 4 m Höhe erreichen. Sie bringen gleichermaßen lange überhängende Triebe mit schmalen Blättern hervor und bilden typische schirmförmige Büsche. Der Schirmbambus und seine Sorten eignen sich für exotisch wirkende Hecken oder auch in Einzelstellung etwa in einem Kiesbeet oder am Gartenteich. Ein anderer häufiger Gartenbambus namens Phyllostachys, von dem es etliche Arten und Sorten gibt, unterscheidet sich vom Schirmbambus durch stärkere straff aufrechte Halme und größere Blätter. Dabei gibt es Arten, die eine Höhe von 5 m und mehr erreichen. Sie lassen sich beispielsweise in einem Japangarten im Hintergrund einsetzen oder als Sichtschutz an einer Terrasse nutzen. Dagegen bleiben die Zwergbambusse, wie etwa Sasaella masamuneana, gedrungen im Wuchs. Sie dienen gelegentlich als Bodendecker, wenn sie sich ungehindert ausbreiten dürfen.

Alte Bestände besichtigen

Ob sich die gewünschten oder ausgewählten Bambus-Arten für jeden Garten eignen, lässt sich in Gärten mit bereits alten Exemplaren erkennen. Eine vorsorgliche Prüfung lohnt sich, denn Bambusse können uralt werden, wenn ihnen der Standort behagt. Dann sind sie aber nur noch mit großer Mühe zu beseitigen, denn das Wurzelwerk verfilzt zunehmend. Für das regionale Klima ungeeignete Arten sind zu meiden. Das hat der letzte strenge Winter gezeigt. Dem Frost sind etliche Pflanzen zum Opfer gefallen. Selbst bereits gut eingewachsene Exemplare mussten schlimme Blattschäden hinnehmen. Anders als die sommergrünen Ziergräser treiben die meisten Bambusse nicht mehr aus dem Wurzelstock aus, wenn die Triebe geschädigt wurden. Sie sind allerdings verjüngungsfähig, wenn der Frost nur die Blätter vom Frost angegriffen hat. Dann bringen sie im Frühjahr aus den Blattachseln wieder frisches Laub hervor. Vorsorglich sollten Gartenbambusse einen geschützten Platz erhalten. Besonders gefährdet sind Kübelpflanzen, bei denen der Wurzelballen völlig durchfrieren kann. Nicht zu vergessen ist, dass diese immergrünen Gräser auch im Winter assimilieren und Wasser brauchen. Frosttrocknis ist eine häufige Ursache für Pflanzenschäden. Dabei entzieht der Frost dem Boden Wasser. Wenn die flachwurzelnden Pflanzen nicht gegossen werden oder nicht ausreichend Regenwasser erhalten, sind Wurzelschäden die Folge. Sonst helfen sich die winterharten Bambus-Arten selbst gegen die Kälte, indem sie im Herbst einen Teil ihres Blattwerks abwerfen und die verbliebenen Blätter einrollen. Das Einrollen schützt vor der Verdunstung. Die Pflanzen schützen sich im Sommer dadurch ebenso vor der Hitze. Das Einrollen kann auch ein Erkennungszeichen für Trockenheit sein, wenn kein Frost herrscht oder wenn es im Sommer an nicht heißen Tagen geschieht.

Pflanzen aus regionalen Baumschulen

Bevorzugt sollten Bambusse im Garten zum Einsatz kommen, die in einer örtlichen Baumschule aufgewachsen sind oder bei vergleichbaren Klimaverhältnissen kultiviert wurden. Möglich ist auch die Vermehrung eigener bereits gut etablierter Exemplare durch Teilung. Dagegen ist der Kauf von Importware insbesondere aus wintermilden Regionen zu vermeiden. Zu beachten ist außerdem, ob der regionale Züchter seine Pflanzen im Winter vor Frost schützt. Dann ist auch bei den eignen Gartenbambussen ein luftiger Frostschutz z. B. mit Schilfrohrmatten an einer zugigen Nordseite oder mit lichtdurchlässigem Faservlies zu empfehlen.

Pergolen – Schattenspender und Verstecke

Pergolen sind Lauben aus Säulen oder Pfeilern. Sie dienen als Gerüste für Kletterpflanzen, die ein dichtes Schattendach entfalten. Bis in den Herbst hinein laden die luftigen Lauben zum Rasten und Ruhen ein.

Luftige Überdachung mit Blattwerk

Pergola aus Holz

Die Pergola ist – wie viele andere Gartengestaltungs-Elemente – eine italienische „Erfindung". Im sonnigen Süden hat so eine schattige Laube natürlich einen besonderen Wert. Sie führt durch den Vorgarten zum Haus (lat. per = durch, hindurch), sie schützt den Sitzplatz im Freien oder sie lässt Rosen und Weinreben luftig klettern. Aber nicht nur in Italien ist eine Pergola willkommen. Auch bei uns liebt man an heißen Sommertagen die schattige Kühle unter dem Blätterdach. Und im Winter können die Sonnenstrahlen das unbelaubte Geäst der Kletterpflanzen wieder fast ungehindert durchdringen.

Verschiedene Pergola-Typen

Ein Platz für eine Pergola ist rund ums Haus zu finden. Sie kann frei stehen und abseits einen Sitzplatz bedachen, den Garteneingang zur Haustüre überbrücken oder den Autostellplatz schattieren. Eine langgestreckte schmale Pergola passt sogar als Sichtschutz an die Grenze. Und noch in Form eines kleinen Torbogens ist sie etwa als Rankgerüst für Kletterpflanzen, insbesondere als Rosenbogen willkommen. In jedem Fall ist das dichte Geäst der Kletterpflanzen

Pergola im Herbst, mit Wildem Wein

Pergola aus Stahl

ein idealer Unterschlupf für Singvögel, die dort gerne brüten.

Keine Baugenehmigung

Für eine Pergola ist in der Regel keine Baugenehmigung nötig, weil sie kein festes Dach hat und keine Brandgefahr darstellt. Selbstverständlich ist der nötige Abstand zur Grenze einzuhalten. Die Pflanzen dürfen weder Nachbars Garten schattieren noch seine Gebäude beeinträchtigen, zumal starkwüchsige Kletterpflanzen leicht von der Pergola auf angrenzende Häuser übergreifen. Sie dürfen auch keine Sichtbehinderung zur Straßenausfahrt darstellen. Bei uneindeutigen Situationen ist beim zuständigen Bauamt Auskunft zu bekommen, so etwa wenn die Pergola überdacht und als Carport genutzt werden soll. Dann ist ohnehin ein genehmigter Bauplan nötig.

Konstruktionen

Eine Pergola lässt sich aus Holz, Stein oder aus Metall bauen. Möglich sind auch Kombinationen verschiedener Materialien, wie etwa Pfosten aus Stein und Sparren aus Holz. Die Konstruktion muss selbstverständlich für die gewünschte Bepflanzung geschaffen sein. Ein leichter Drahtaufbau ist für schwere Kletterpflanzen langfristig zu schwach. Umgekehrt wirkt eine Säulenlaube aus mächtigen Steinquadern für lockere Schlinger zu wuchtig. Die Pergola sollte auch zu den bevorzugten Baustoffen im Garten passen. Holz- und Steinbauten wirken massiv und solide. Metallkonstruktionen

Weinreben auf Pergola

Pergola aus Rundholz

Pergola mit Wildem Wein

sind leicht und elegant. Die Baustoffe müssen tragfähig und zudem wetterfest sein. Immerhin laden die Pflanzen ein zentnerschweres Gewicht auf, so etwa Weinreben, Glyzinen oder der Knöterich, die ein üppiges Geäst entwickeln. Rund ums Jahr wirken Niederschläge und die Sonne auf das Material ein. Dies vertragen auf Dauer nur witterungsbeständige oder imprägnierte Baustoffe.

Holzbauten

Unbehandeltes Weichholz verrottet bald, zumal das Regenwasser unter dem Blätterdach schlecht abtrocknet. Wer eine rustikale und natürliche Holzkonstruktion möchte, ist mit Lärchen- oder Eichenholz besser bedient. Diese Hölzer sind auch ohne Imprägnierung recht lange haltbar. Der beste Holzschutz – etwa bei Pergolen aus Fichte oder Kiefer – ist die Kesseldruckimprägnierung. Dabei wird das Holzschutzmittel mit Druck in die Balken gepresst, so dass es tief eindringt und besonders lange hält. Im Telefonbranchenbuch sind Firmen aufgelistet, die das Bauholz für eine Pergola auf Bestellung kesseldruckimprägnieren. Die Kosten dafür werden pro Kubikmeter Holz berechnet.

Pergola rustikal

Das Streichen mit einem Holzschutzmittel ist weniger wirksam, weil Lack-Farben mit der Zeit abblättern und Lasuren ausgewaschen werden oder ausbleichen. Wenn es soweit kommt, wird eine Nachbehandlung schwierig, weil ja die Pflanzen bis dahin eine dichte Decke bilden. Die Bauteile müssten dann auf Kosten der Pflanzen freigeschnitten werden.

Punktfundamente und Befestigungselemente

Grundsätzlich ist es bei Holzkonstruktionen wichtig, dass die Pfosten über der Erde stehen. Bei Bodenberührung beginnt die Verrottung besonders schnell, weil die Mikroorganismen das Holz angreifen und zersetzen. Die Pfosten stehen am besten auf so genannten Pfostenankern aus verzinktem Metall, die je nach Typ in den Boden einbetoniert oder gerammt werden. Für Betonfundamente eignen sich kleine Schachtringe mit einem Durchmesser von etwa 20 cm und einer Länge von 1 m, die in den Boden eingesenkt und mit Beton verfüllt werden. In den noch weichen Beton kommen dann die Pfostenanker. Nach dem Aushärten des Betons sitzen diese Metallträger fest und bieten eine tragfähige Basis für den Holzaufbau. Die Holzbalken lassen sich einfach und sicher mit Winkelverbindern aus verzinktem Metall montieren. Die Metallverbindungsteile verschwinden mit der Zeit unter der Pflanzendecke. Schwieriger aber unsichtbar sind Zapfverbin-

Pergola aus Holz

dungen. Sie erfordern handwerkliches Geschick und mehr Zeit als Winkelverbinder, da sie genau passen müssen. Im Handel oder vom Schreiner sind jedoch auch vorgefertigte Holzbauteile erhältlich, die nach Plan zusammengefügt und befestigt werden.

Steinsäulen

Wesentlich haltbarer als Holzpergolen sind Konstruktionen aus Naturstein oder Betonformteilen. Säulen aus Granit, Marmor oder einem anderen Naturgestein sind nahezu zeitlos. Sie verrotten nicht, sondern werden mit den Jahren schöner, wenn sie Moos ansetzen. Naturstein-Elemente sind aber recht teuer, zumal sie oft handbehauen sind. Günstiger sind Betonformteile, die für Pergolen angeboten werden. Gute Baustoffgroßhandlungen haben verschiedene

Pergola aus Stahl mit Weinrebe

Typen zur Auswahl. Aus den einfachen Quadern oder Säulen lässt sich eine durchaus attraktive Pergola zusammenstellen.

Alternativ kann man die Säulen auch aus Steinen mauern und beispielsweise mit Holzbalken oder Metallträgern überspannen.

Metallkonstruktionen

Weniger wuchtig als Stein oder Holz wirkt eine Metallkonstruktion. Stahlträger aus Winkelprofilen oder Rohren sind äußerst stabil und wesentlich leichter als Steinsäulen oder Holzpfosten. Auch davon gibt es fertige Elemente, die sich beliebig erweitern lassen. Exklusive Konstruktionen vom Kunstschlosser können genau nach Maß für den bestimmten Standort geschaffen werden. Eine Metallpergola braucht einen Rostschutz durch Anstrich oder Verzinkung.

Sitzplatz

In die lauschige Laube gehört eine Sitzgruppe oder eine Sitzbank. Es sollte etwas Wetterfestes sein, damit man sich dort jederzeit niederlassen kann, ohne erst Möbel heranschleppen zu müssen. Auf einem gepflasterten Platz stehen die Möbel fest und sauber. Auf einem befestigten Weg sind sie gut erreichbar. Zur Einrichtung kann zudem ein massiver Tisch und vielleicht auch ein Grill gehören.

Versteck für Vögel

Singvögel suchen die Pergola gerne zum Brüten auf. Das dichte Blätterdach schützt vor Regen und Sonne. Im Dickicht der Zweige sind sie auch vor Katzen sicher. Meisen, Rotkehlchen und andere Höhlenbrüter lassen sich mit Nistkästen ansiedeln.

Pflanzen für die Pergola

Pergola mit Uferrebe

Das Wesentliche an einer Pergola ist natürlich ihre Begrünung. Erst die Pflanzen geben dem strengen Baukörper seine typische Leichtigkeit. Selbst mächtigen Steinbauten nehmen die Kletterpflanzen ihre Wucht. Die Pflanzen müssen dem Typ angepasst sein. Eine leichte Pergola aus Metall verträgt nur schwache Kletterer, insbesondere Kletterrosen oder Jasmin. Eine Säulenhalle aus Granit braucht dagegen schon einen fülligen Weinstock oder einen wuchernden Knöterich. Grundsätzlich sind vier verschiedene Typen von Kletterpflanzen zu unterscheiden: Selbstklimmer, Ranker, Schlinger und Spreizklimmer. Selbstklimmer wie etwa die Jungfernrebe (Parthenocissus tricuspidata), der Efeu oder die Kletterhortensie heften sich mit Haftwurzeln am Gerüst fest. Sie sind mehr für Wände und Mauern geeignet, bezwingen aber auch Pergolen, um sich oben flächig auszubreiten. Ranker wie die Weinrebe (Vitis vinifera), die Waldrebe (Clematis) oder der Knöterich (Fallopia aubertii) brauchen ein Geflecht etwa aus Maschendraht oder aus Zweigen, um sich daran hochzuhangeln. Die Schlinger winden sich um die Pfosten und kriechen so nach oben. Typisch dafür sind die Glyzine (Wisteria sinensis) oder der Baumwürger (Celastrus). Sie schaffen sogar dicke Säulen aus Stein oder Pfosten aus Holz. Von allen Typen sind verschiedene Arten und Sorten erhältlich. Besonders groß ist die Auswahl etwa bei Kletterrosen oder Waldreben. Bei diesen Pflanzen kommt es besonders auf die Blüten an. Je nach Geschmack wählt man rote, weiße, gelbe oder andersfarbige oder ebenso gefüllte, großblütige und duftende Sorten. Sehr gut lassen sich die verschiedenen Arten und Sorten auch kombinieren. Fürs Auge pflanzt man Rosen und dazu für die Nase ein Geißblatt (z. B. Lonicera caprifolium), das seinen Duft besonders am Abend ausströmt. Gut kombinierbar sind auch Schlinger und Ranker. Die Schlinger winden sich selbst ohne zusätzliche Kletterhilfe an den Säulen oder Pfosten hoch und geben den Rankern Halt, die sonst ein Gerüst aus Maschendraht oder Schnüren bräuchten. So eine Gemeinschaft kann z. B. aus Glyzinen und Waldreben bestehen, da sie sich gegenseitig nicht stören, oder auch aus einem immergrünen, selbstklimmenden Efeu und einer Kletterrose, die sich gut bei ihm einhängen kann.

Pergola-Pflanzen
Einjährige Arten

Ranker
- *Glockenwinde (Cobaea scandens)*
- *Kürbis (Cucurbita pepo)*
- *Kalebasse (Lagenaria siceraria)*
- *Wicke (Lathyrus odoratus)*
- *Zaunrübe (Bryonia-Arten)*

Schlinger
- *Hopfen (einjähriger, Humulus scandens)*
- *Prunkwinde (Ipomoea purpurea)*
- *Bohne (Phaseolus-Sorten)*

Pergola-Pflanzen
Mehrjährige Arten

Ranker
- *Scheinrebe (Ampelopsis aconitifolia)*
- *Waldrebe (Clematis-Wildarten und Hybriden)*
- *Wilder Wein (Parthenocissus quinquefolia)*
- *Weinrebe (Vitis vinifera)*

Schlinger
- *Kiwi (Actinidia chinensis)*
- *Strahlengriffel (Actinidia arguta)*
- *Akebie (Akebia quinata)*
- *Pfeifenwinde (Aristolochia macrophylla)*
- *Baumwürger (Celastrus orbiculatus)*
- *Knöterich (Fallopia aubertii = Polygonum aubertii)*
- *Geißblatt (Lonicera-Arten)*
- *Blauregen (Glyzine, Wisteria sinensis)*
- *Hopfen (Staudenhopfen, Humulus lupulus)*

Spreizklimmer
- *Kletterrosen (Rosa-Sorten)*
- *Winterjasmin (Jasminum nudiflorum)*
- *Brombeeren (Rubus-Sorten)*

Selbstklimmer
- *Efeu (Hedera helix)*
- *Selbstklimmerwein (Parthenocissus tricuspidata)*
- *Trompetenblume (Campsis radicans)*
- *Kletterhortensie (Hydrangea petiolaris)*
- *Spindelstrauch (Euonymus fortunei var. radicans)*

Das Schöne mit dem Nützlichen verbinden

Sehr gut passen auch Nutzpflanzen und Schmuckpflanzen zusammen. Wer nicht nur Blüten, sondern auch Früchte haben will, pflanzt Weinreben, Kiwis und/oder auch Kürbisse (z. B. Herkuleskeulen), die besonders zur einjährigen Begrünung geeignet sind, weil sie schnell wachsen und reichlich Früchte entwickeln. Im Herbst verwelken sie jedoch – ebenso wie Glockenreben, Purpurwinden, Feuerbohnen und andere einjährige Kletterpflanzen. Bis dahin haben sich die Ausdauernden dann gut entwickeln.

Pflege der Pergolabepflanzung

Besondere Pflege braucht eine gut gebaute Pergola nicht. Nur den fruchtenden und blühenden Pflanzen tut ein regelmäßiger maßvoller Auslichtungsschnitt im Spätwinter gut, zumal er die Verjüngung fördert. Bei frostempfindlichen Kletterpflanzen wie etwa bei Kiwis, Weinreben oder Kletterrosen ist nach der Pflanzung ein Frostschutz empfehlenswert. Mit den Jahren nimmt ihre Frosthärte zu, sodass sie keinen Schutz mehr brauchen.

Der Liebling der Pergola – die vielfältige Clematis

Da die Clematis für die Bepflanzung von Sichtschutzelementen, Rankgittern und vor allem Pergolen besonders beliebt ist, soll sie hier etwas ausführlicher vorgestellt werden. Im botanischen System gibt es nur wenige Pflanzen-Gattungen, die sowohl mit Gehölzen als auch mit krautigen Arten vertreten sind. Dazu zählen insbesondere die Clematis. Waldreben, so der deutsche Name, warten mit einer Reihe an gehölzartigen Kletterpflanzen und mit Stauden auf.

Wilde Waldreben wachsen in heimischen Wäldern auf Laub- und Nadelbäumen. Wo sie ungehindert aufwachsen können, klettern sie bis in die Kronen der hochstämmigen Bäume und erreichen Höhen von mehr als 20 m. Bevorzugt siedelt sich diese vitale Art namens Clematis vitalba in feuchten Auwäldern an. Stellenweise hängen die Pflanzen mit dicken Lianen an den Ästen und bilden üppige Büsche. Besonders im Winter wirken diese Kletterpflanzen auffällig, wenn sie ihre fedrigen Samenbüschel massenweise entwickelt haben. Zur Verbreitung tragen Tiere bei, die beim Vorbeistreifen die Samen mitnehmen. Die cremefarbenen Blüten, die sich im Sommer entfalten, fallen weniger auf. Diese Wildart eignet sich in großen Hausgärten allenfalls zur Begrünung von Drahtzäunen oder wie in freier Natur zum Beranken alter Bäume.

Frühjahrs- und Sommerblüher

Eine andere heimische Waldrebe, die im Alpenraum auf Bäume klettert, bringt im Frühjahr schöne blaue Blüten hervor. Die Alpenwaldrebe (C. alpina) wächst weniger stark als die Clematis vitalba. Sie lässt sich auch in kleinen Gärten kultivieren. Eine weitere alpine Art namens Clematis montana zeichnet sich durch besonders stark duftende Blüten aus. Die Bergwaldrebe, die ursprünglich aus dem Himalaja stammt, hat mittlerweile in vielen Gärten Fuß gefasst, zumal sich die zartrosafarbenen Blüten in Fülle entfalten. Im Frühjahr decken sie die Kletterhilfe völlig zu. Dann dringt der Duft nach frischem Kakao schon beim Vorbeigehen in die Nase. Leider dauert die Blütezeit nur ein bis zwei Wochen – je nach Wetter und Standort. Den Sommer hindurch hält sich diese Kletterpflanze mit dunkel-

Art/Sorte	Farbe	Blütezeit	Hinweis	Höhe
Clematis montana „Rubens"	*rosa*	*Mai*	*stark duftend*	*über 10 m*
Clematis alpina	*blau*	*Mai*	*für Baumbegrünung*	*bis 3 m*
Clematis tangutica	*gelb*	*Juni bis September*	*aus Asien*	*bis 5 m*
Clematis vitalba	*weiß*	*Juli bis Oktober*	*üppige Samenstände*	*über 10 m*
Clematis viticella	*violett*	*Juli bis September*	*gefüllte Form*	*bis 5 m*
Clematis „Jackmannii"	*violett*	*Juni bis September*	*satte Farbe*	*2 bis 4 m*
Clematis „Nelly Moser"	*rosa*	*Mai + Oktober*	*mit roten Streifen*	*2 bis 4 m*
Clematis „Ville de Lyon"	*rubin*	*Juli bis September*	*mit weißen Streifen*	*2 bis 4 m*
Clematis „Mme Le Coultre"	*weiß*	*Juni bis August*	*empfindliche Sorte*	*2 bis 3 m*

Clematis Nelly Moser

grünem Blattwerk zurück. Es lohnt sich deshalb, mehrere Clematis-Arten und -Sorten zu kombinieren. Mit ausgewählten Frühjahrs- und Sommerblühern gibt es vom Mai bis zum September immer wieder einen frischen Flor. Neben den auffällig großen und leuchtenden Blüten der Clematis Hybriden können sich auch kleine, aber feine asiatische Arten entfalten. Dazu gehört die Mongolische Waldrebe (C. tangutica), die noch im September ihre gelben Blüten hervorbringt.

Pflege

Die Waldreben sind ausdauernde Kletterpflanzen, die sich mit Ranken an Bäumen oder Spalieren hochhangeln (so genannte Blattstielranker). Alle Arten und Sorten brauchen tiefgründigen humosen Boden und einen schattigen Fuß (Wurzelhals). Es gibt verschiedene Gruppen, die unterschiedlich zu behandeln sind. Und zwar unterscheidet man zwischen den Frühjahrsblühern und den Sommerblühern. Die Frühjahrsblüher wie etwa C. montana werden nach der Blüte nur ausgelichtet. Die Sommerblüher – zu denen die meisten Sorten gehören – lassen sich im Frühjahr vor dem Austrieb kräftig zurückschneiden, um sie zur Verzweigung und zu buschigerem Wuchs anzuregen. Sie vertragen auch einen Schnitt ins alte Holz. Der Rückschnitt ist jedoch nicht nötig, weil sie sich auch ohne Schnitt ausreichend verzweigen und blühen. Nur die staudenartigen wie etwa C. integrifolia werden jedes Jahr bis zum Boden zurückgeschnitten, zumal die oberirdischen Triebe absterben.

Kletterhilfen

Waldreben hangeln sich mit speziellen Ranken am Klettergerüst hoch. Sie können nur dünne Gegenstände wie etwa Zaundrähte umfassen. An dicken Pfosten oder Wänden finden sie keinen Halt. Wer sie dennoch ans Haus oder an eine Pergola pflanzen möchte, muss das zu begrünende Gebäude mit entsprechenden Kletterhilfen wie etwa Drähten, Schnüren oder Baustahlstücken ausbauen und den Pflanzen mit solchen Elementen oder durch das Aufbinden an den Pfosten nach oben helfen.

Hinweis

Es kommt oft vor, dass Clematis-Hybriden nach der Pflanzung schlecht anwachsen oder eingehen. Eine gründliche Bodenlockerung und falls nötig die Verbesserung mit Humus fördern die Wurzelbildung und erhöhen die Anwachschancen. Nach der Pflanzung ist eine Bodenbearbeitung im Wurzelraum zu vermeiden, damit das flache, fleischige Wurzelwerk nicht beschädigt wird. Die leicht zerbrechlichen jungen Triebe sind vorsichtig zu behandeln.

Wind-, Sicht- und Sonnenschutz am Balkon

Die schönen Sonnentage sind in unseren Breiten gezählt; umso mehr sollten sie in angenehmer Atmosphäre verbracht werden.

Angenehme Atmosphäre schaffen

Balkons begrünt

Ein Sitzplatz auf dem Balkon bietet sich schon im Frühjahr für wenige Sonnenstunden zum Verweilen an. Für den nötigen Schutz genügen je nach Lage und Größe einige Schilfrohrmattenstücke und große Kübelpflanzen oder Balkonbespannungen, Markisen und Lamellenzäune.

Die Einrichtung und Ausstattung des Balkons richtet sich im Wesentlichen nach der Lage und der Nutzung. Ein sonniger Südbalkon in einer windgeschützten Hausecke braucht keine aufwändige Einfriedung. Der Sitzplatz lässt sich mit wenigen Handgriffen schattieren, indem der Sonnenschirm aufgespannt oder die Markise ausgefahren wird. Gegen Einblicke von benachbarten Gebäuden genügt unter Umständen schon ein großes Leinentuch am Balkongeländer. Einen dauerhaften Sichtschutz macht eine Balkonbespannung mit speziellem Acrylfasergewebe möglich, das als Meterware von der Rolle zu bekommen ist. Diese dichte Stoffbespannung hält auch Zugluft ab und spendet Schatten in Bodennähe, etwa für kleine Kübelpflanzen oder für einen Liegestuhl. Die selbe Wirkung machen Schilfrohrmatten möglich, die mit wenigen Handgriffen am Geländer zu befestigen sind. Diese leichten luftigen Gewebe gibt es in verschiedenen Höhen und Längen ebenfalls als Rollenware. Sie sind preisgünstig in Bau- und Gartenmärkten zu bekommen und bleiben viele Jahre beständig. Wenn sie verwittert sind, lassen sie sich leicht durch neue Produkte oder auch durch rustikaleres Flechtwerk aus Weiden oder spezielle Elemente aus Holz ersetzen.

Rustikale Einfriedung

Holzelemente für Sichtschutzzäune sind mit braunen oder grünen Farben imprägniert. Sie passen recht gut zum Haus und sind etwa als Trennwände auf Reihenhausbalkonen, zur Abschirmung an der Straße oder als Raumteiler auf großzügig bemessenen Balkonen geeignet. Neben den naturnah gefärbten Sichtschutzelementen sind auch Produkte in bunten Farben zu bekommen. Wer will, kann das Holz nach eigenen Vorstellungen streichen und der Hausfassade anpassen oder durch die Färbung eine besondere Wirkung erzielen. Die Befestigung ist mit Schrauben oder einfach mit rostfreiem Draht möglich, um Beschädigungen verzinkter Metallgeländer zu vermeiden.

Schutz durch Pflanzen

Einjährige Kletterpflanzen sind besonders gut zur Balkonbegrünung geeignet. Feuerbohnen, Prunkwinden oder Kapuzinerkresse wachsen schnell und tragen viele Blüten.

Anders als Kletterrosen, Weinreben, Waldreben und andere kletternde Gehölze, die auf Dauer nur in großen Kübeln gedeihen, lassen sich einjährige Kletterpflanzen auch in kleinen Gefäßen kultivieren. Die schnellen Schlinger treiben nach der Aussaat kräftige Triebe, die den ganzen Sommer hindurch immer neue Blüten entwickeln. Sie eignen sich zur Begrünung von Balkongeländer oder können als Sichtschutzpflanzen zwischen zwei Balkons dienen.

Stangenbohnen, Prunkwinden, Zierkürbisse und andere einjährige Kletterpflanzen zeichnen sich durch ihre schnelle Entwicklungszeit aus. Sie bringen nach der Keimung kräftige Triebe hervor, die lange Zeit blühen und teilweise auch fruchten. Dazu brauchen Sie ein Sortiment an Sämereien, das aus eigener Ernte oder im Winter im Fachhandel zu bekommen ist.

Schritt für Schritt zur Balkonbegrünung

- Säen Sie die Samen rechtzeitig, aber nicht zu früh in Anzuchttöpfe. Beachten Sie dabei die Hinweise auf den Samentüten.

- Vereinzeln Sie die Sämlinge rechtzeitig nach der Keimung, damit sich bis zur Pflanzzeit kräftige Exemplare entwickeln. Vor allem brauchen die Jungpflanzen nach der Keimung viel Licht. Sie bekommen einen hellen Fensterplatz neben Tomaten, Paprika und anderen Fruchtgemüsen.

- An milden Tagen sollten die Jungpflanzen frische Luft bekommen. Das Ausräumen auf einen geschützten Balkon oder in ein Frühbeet härtet sie ab und fördert eine kräftige Trie-

Balkon begrünen

Balkonbespannung befestigen

bentwicklung. Am Abend dürfen die Anzuchtgefäße nicht vergessen werden, zumal die meisten Arten sehr frostempfindlich sind. Bei kaltem Wetter bleiben sie natürlich drinnen.

- Schon während der Anzucht benötigen die Schlinger Kletterhilfen. Jetzt genügen noch kleine Bambusstäbe oder ähnliche Stützen, die sie leicht umwinden können. Nach dem Auspflanzen sind kräftige Stäbe oder auch Spaliere aus Draht oder Flechtwerk nötig. Die Schlinger halten sich aber auch am Balkongeländer fest.

- Sobald keine Fröst mehr zu erwarten sind (etwa Mitte Mai) nehmen die Schlinger ihre Plätze im Freien ein. Für eine gute Entwicklung sind möglichst große Kästen oder Kübel mit nährstoffreichem Substrat empfehlenswert.

- Nach der Pflanzung bringen Bohnen, Kürbisse oder Prunkwinden meterlange Triebe hervor, die sich an den Kletterhilfen empor winden. Eine reichliche Wasser- und Nährstoffversorgung fördert eine gesunde Entwicklung und einen fülligen Flor. Die wärmebedürftigen Schlinger sollten vor Regen geschützt werden. Günstig ist ein Platz im Regenschatten.

- Sie können durchaus mehrere Arten miteinander kombinieren. Die Jungpflanzen sollten dann aber ein ausreichendes Pflanzgefäß bekommen, damit sie sich ungehindert entwickelt können und sich nicht unterdrücken. Ebenso ist die Pflanzung in einzelne Gefäße möglich, die dann in Gruppen zusammengestellt werden.

Pflanzen in Töpfen und Kübeln

Wenn neben dem Geländer große Kübel platziert werden, lassen sich statt oder mit den Kletterpflanzen auch Stauden, Gräser und Gehölze einsetzen – je nach Lage und Größe der Fläche. Stauden und Gräser brauchen weniger Wurzelraum als Gehölze. Die Pflanzung von Bäumen und Sträuchern lohnt sich bei geräumigen Pflanzgefäßen, es sei denn, die Auswahl fällt auf Felsenmispeln, Bergkiefern und andere kleine Büsche, die selbst in gewöhnlichen Kübeln gedeihen. Wenn Immergrüne wie etwa Buchsbäumchen und Efeu mit Sommergrünen (z. B. Sommerflieder und Bartblumen) kombiniert und zudem noch Blütenstauden und verwildernde Zwiebelblumen (z.B. Wildtulpen, Traubenhyazinthen) eingestreut werden, entwickeln sich ausdauernde Pflanzgruppen, die viele Jahre attraktiv wirken.

Eile mit Weile

Wer noch nicht weiß, wie die optimale Gestaltung aussehen könnte, beginnt am besten mit einigen ausgewählten Elementen, sobald sich dazu eine Gelegenheit ergibt. So genügt es, an einem sonnigen Spätwintertag zunächst einen Sitzplatz einzurichten, der sozusagen zum Peilen der Lage dient. Bei Bedarf kommt ein Sonnenschirm dazu. Beim Probesitzen auf dem Balon wird langsam erkennbar, ob ein Sichtschutz nötig ist. Beim Blättern in Zeitschriften und Katalogen fallen besondere Pflanzen auf, die zur Begrünung ausgewählt werden. Eine Skizze erleichtert die Gestaltung. Nicht zu vergessen ist, dass die Pflanzen die ganze Saison hindurch auf die nötige Pflege angewiesen sind. Es empfiehlt sich deshalb, mit wenigen ausgewählten Arten zu beginnen und den Bestand erst zu erweitern, wenn absehbar ist, dass die Versorgung nicht überfordert. Zu bedenken ist auch, dass frostempfindliche Kübelpflanzen im Herbst ein geschütztes, aber kühles Winterquartier brauchen. Einfacher ist die Kultur winterharter Kübelpflanzen, die ganzjährig auf dem Balkon bleiben können und zunehmend größere Büsche bilden. Als schöne, robuste Balkonpflanzen haben sich der Fächerahorn (Acer palmatum), Felsenbirnen (Amelanchier), Forsythien und andere Gehölze bewährt, die kleine Bäume oder große Sträucher bilden. Einige große Exemplare dieser und anderer Arten bieten den ganzen Sommer hindurch einen Sicht- und Windschutz. Sie müssen allerdings gut verankert oder am Geländer befestigt sein, damit sie Stürmen standhalten. Zu diesen sommergrünen Arten gesellen sich immergrüne wie Kirschlorbeer, Eiben und Scheinzypressen, die auch im Winter einen Schutz bieten.

Balkonbegrünung von unten

Während Kletterpflanzen in Kübeln auf die regelmäßige Pflege angewiesen sind, versorgen sich Weinreben, Blauregen oder Knöterichpflanzen selbst, wenn sie unten in den Gartenboden gepflanzt und nach oben zum Balkon geleitet werden. Einige Exemplare dieser und anderer starkwüchsiger Gehölze überwinden mehrere Stockwerke in wenigen Jahren und breiten dann am Balkon ein üppiges Blattwerk aus. Wenn sie eine Pergola oder ein Schnurgerüst erhalten, dienen die Schlinger auch als natürliche Sonnenschirme. Im Winter nehmen die sommergrünen Arten kein wertvolles Sonnenlicht weg.

Blauregen am Balkon

TIPP

Mieter einer Wohnung mit Balkon müssen die Hausordnung beachten. Nicht immer wird eine üppige Begrünung mit Kletterpflanzen geduldet, insbesondere, wenn starkwüchsige Arten unter Umständen Bauschäden verursachen. Die Balkonausstattung muss in der Regel auch farblich zur Anlage passen und darf das Gesamtbild des Gebäudes nicht verschandeln. Auskunft gibt die Verwaltung.

Rosenbögen

Kletterrosen sind Spreizklimmer. Sie spreizen sich mit dornigen Trieben in die Streben ihres Klettergerüsts ein. Ein leichtes Spalier oder ein Rosenbogen ist für sie eine ideale Rankhilfe.

Tore aus duftenden Blüten

Der luftige Stand an einem Torbogen kommt der gesunden Entwicklung von Rosen zugute. Zum Bauen eines leichten, aber doch tragfähigen Rosenbogens eignet sich ein Stück von einer gewöhnlichen Baustahlmatte, das passend zugeschnitten und nach der Verzinkung oder einem rostsicheren Anstrich auf Punktfundamente aus Beton gestellt wird. Nach der Pflanzung im Frühjahr bringen die Kletterrosen schon im Sommer einige Blüten hervor. Der Rosenbogen entwickelt sich dann von Jahr zu Jahr zunehmend üppiger.

Groß ist die Fülle der Rosenzüchtungen und vielfältig sind ihre Wuchseigenschaften. Es gibt Zwergrosen, Beetrosen, Strauchrosen, Hochstammrosen, Kletterrosen in verschiedenen Arten und Sorten. Sie alle schmücken einen Garten in der Blütezeit, harmonieren mit Stauden und Gräsern, können Zaun, Laube, Fassadenschmuck und Begrenzung sein oder sogar ein rundes Eingangsportal bilden.

Rosenbögen laden ein

Was früher bei alten Bauerngärten, in Vorgärten der Vorstadtvillen und in Parkanlagen so reizvoll und einladend wirkte, kann auch in unseren Tagen und bei der heute oft anzutreffenden lieblosen Einheitsgrün-Mentalität gewiss für mehr Charme und Lebendigkeit sorgen. Ist es nicht einladend, einen Garten durch ein rundes Dach aus rankenden Trieben und duftenden Blüten betreten zu können, statt sich an nackten und kalten Betonmüllboxen vorbeizwängen zu müssen?

Besonders schmuck und wirkungsvoll lässt sich ein Rosenbogen auch an einem Gartenweg einsetzen, wo er eine lange Wegstrecke gliede[rt] und gleichzeitig einen bunten Akzent setzt.

Einfacher Aufbau aus Holz

Schon mit wenig Material und ein paar Hand[-]griffen lässt sich der Vor- oder Wohngarten m[it] einem Rosenbogen vervollständigen. Der Auf[-]bau ist nicht schwierig. Die einfachste Konstruktion ist ein Holzgerüst aus imprägnierten Sprossenleitern. Der Handel bietet auch fertige Elemente an, die schnell zusammengebaut und als Ganzes am vorgesehenen Standort platziert sind. Kunststoffbögen sind witterungsbeständig und belastbar, Metallaufbauten wirken erst richtig schön, wenn sie von den Rosenranken eingenommen wurden, es sei denn, die Konstruktion besteht aus geschmiedeten Teilen. Ob Holz, Metall, Kunststoff oder Stein – zwei stabile Seitenteile und eine belastbare Querstrebe aus diesem Material sind Stütze genug, um Kletterrosen Form und Halt zu geben.

Tragfähiges Fundament

Wichtig ist es, eine wind- und laststabile Verankerung im Erdreich zu schaffen. Denn alte Rosenstöcke können der Konstruktion schon mehrere Zentner Gewicht aufladen. In Betonsockel

TIPP

Falls ein eckiger Aufbau zu klobig wirkt, sollten Sie einen leichten Rundbogen bauen; auch die Rosensorten setzen Akzente, rote Sorten wirken intensiver, als helle, rosige.

'austahl rund biegen

Durchmesser festlegen

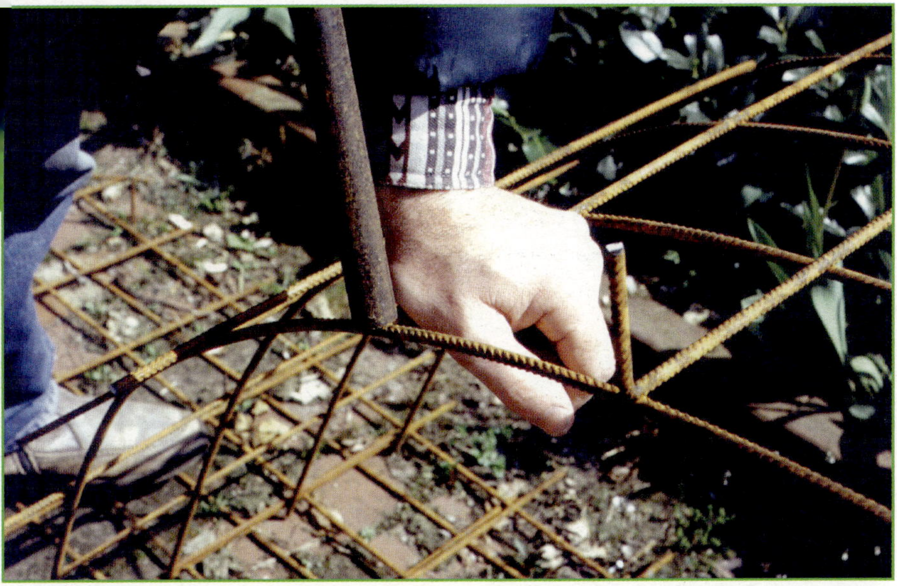

Baustahl biegen

Baustahl biegen

Baustahlstangen festschweißen

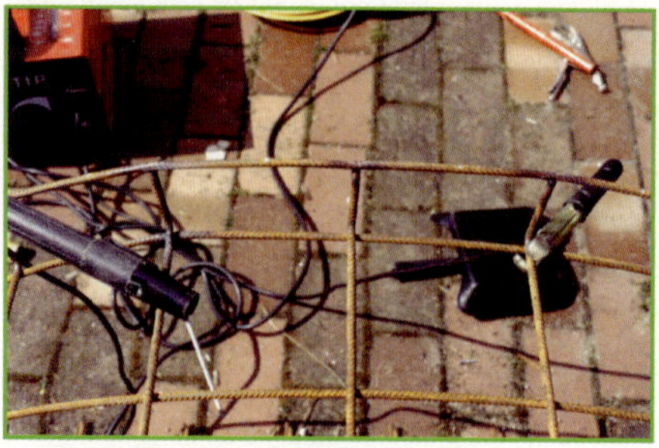

Baustahlstangen festschweißen

Seitenteil anfügen

Seitenteil festschweißen

Platzieren

Verschweißen

ıgelassene Holzständer sind vor Fäulnis ge-
hützt, wenn die Sockel einige Zentimeter aus
r Erde ragen. Die Oberkanten sollten leicht
ıgeschrägt sein, damit das Regenwasser gut
laufen kann. Zwischen Holz und Beton darf
ch kein Wasser sammeln. Die Zwischenräume
erden deshalb mit Kunststoff oder ähnlichem
aterial ausgegossen.

ertigteile vom Baumarkt

mprägnierte Hölzer, die ohne Fundament in den Boden geschlagen wurden, halten Wind, Wetter und nicht zuletzt dem Gewicht der Kletterrosen ca. 10 Jahre stand. Wer ganz sicher gehen will, betoniert in Punktfundamente verzinkte Pfostenanker, in welche die Holzpfosten eingesetzt werden. Schrauben geben Halt.

Kletterrosen sind Spreizklimmer

Kletterrosen sind keine richtigen Kletterpflanzen, die Haftwurzeln, Ranken, Schlingen oder andere Organe zum Festhalten entwickeln. Sie gehören zu den Spreizklimmern, die sich mit bewehrten Trieben an der Unterlage festkrallen. Glatte Flächen sind für Spreizklimmer uneinnehmbar. Ohne ein griffiges Gerüst fallen die Triebe zu Boden. Die Kletterhilfen sollten deshalb mit stabilen Querstreben verbunden werden. Am besten montiert man ca. alle 30 cm eine prosse.

osentriebe heften

Die weichen Jungtriebe spreizen sich ins Holzgerüst, verholzen selbst und haben dann den Bogen fest im Griff. Wenn man die noch grünen und biegsamen Jungtriebe mit Bast anbindet, erleichtert dies den Pflanzen das Hochklettern. Das Heften bewirkt außerdem eine optimale Verteilung der Triebe. Allerdings vergehen trotz dieser Unterstützung mehrere Jahre, bis ein geschlossener Rosenkranz aus Trieben und Blüten entsteht. Der verwachsene Bogen nimmt dann aber jährlich an Fülle zu. Denn bei Kletterrosen putzt man im Frühjahr nur schwache Spitzen und dürres Holz aus, statt sie wie Edelrosen alljährlich auf 3-4 Augen zurückzuschneiden.

Rosenbogen als Laube

Der Rosenbogen kann ein Durchgang sein, aber auch als Laube dienen. Sie brauchen nur eine Sitzbank unter dem Rankgerüst platzieren. Die Höhe eines Rosenbogens sollte mindestens 2 m betragen, die lichte Weite sollte nicht unter 1 m liegen. Rosenbögen können auch Halbbögen sein und an einer Seite mit der Hauswand verbunden werden. Mehrere Bögen aneinandergereiht ergeben eine schattenspendende und attraktive Arkade. Auch gemauerte Bögen erfüllen ihren Zweck, wenn Kletterhilfen aus Holz oder Metall angebracht werden.

Rosen pflanzen

Rosen pflanzt man vorzugsweise im Frühjahr oder im Herbst. Topfrosen können auch in der Wachstumszeit gesetzt werden. Die Pflanzen mit Wurzelballen kommen ohne Pflanzschnitt an den vorgesehenen Standort. Bei Frühjahrs- oder Herbstpflanzung ballenloser Büsche sind sowohl Triebe als auch Wurzeln um die Hälfte einzukürzen. Man schneidet „auf Augen“. Die Triebe werden ca. 1 cm über einer Triebknospe gekappt. Die Veredelungsstelle kommt ca. 2 fingerbreit unter die Erde. Lehmiger Boden ist mit humoser Gartenerde zu verbessern.

Bestigungsflanschen bohren

Flanschen festschweißen

Schrauben montieren

Betonfundamente gießen

Rosenbogen nach Verzinkung

Rosenbogen

Rosenbogen

Mehrere Sorten einsetzen

Der Rosenbogen schließt sich rasch, wenn Sie an beide Leitern jeweils einen Rosenstock setzen. Die Pflanzung verschiedener Sorten verlängert die Blütezeit und verbessert die Farbenfülle. Je nach Sortenwahl erblühen gleichzeitig rote, rosa, weiße oder gelbe Rosen. Einmalblühende Sorten (z. B. „New Dawn" und „Paul's Scarlett Climber") bringen den Flor von Mai bis Juni. öfterblühende Sorten (z. B. „Coral Dawn" und „Gruß an Heidelberg") blühen vom Frühjahr bis zum Herbst. Schützen Sie die Jungpflanzen in den ersten Jahren vor Frost, damit sie schadlos einwurzeln und austreiben können.

Rosenbogen nicht nur für Rosen

Auch der Winterjasmin (Jasminum nudiflorum) ist ein typischer Spreizklimmer. Er kann gut mit einer Kletterrose kombiniert werden. Dann blüht der Bogen im Sommer und im Winter. Natürlich ranken auch andere Kletterpflanzen am Rosen-Bogen empor. Echte Ranker wie etwa der Wilde Wein (Parthenocissus quinqefolia), der echte Wein (Vitis vinifera), Waldreben (Clematis) oder auch Kürbisse können sich gut mit ihren dünnen Sprossranken am Metallgestänge festhalten. Ebenso kommen Schlinger wie z. B. die Glyzine (Wisteria), die Pfeifenwinde (Aristolochia), das Geißblatt (Lonicera) oder auch Bohnen leicht an diesem Klettergerüst hoch. Sie umwinden das Gestänge und schlängeln sich so nach oben. Den Selbstklimmern wie etwa dem Selbstklimmerwein (Parthenocissus tricuspidata) oder dem Efeu passt der leichte Bogen weniger gut. Sie sind eher für die Wandbegrünung geschaffen, zumal sie Haftwurzeln und meterlange Triebe entwickeln. Dennoch lassen sich auch solche Kletterpflanzen an solchen Gerüsten ziehen.

Kletterhilfen für Gemüse

Stabtomaten, Stangenbohnen, Schlangengurken und andere Gemüse können als Sichtschutz dienen. Sie brauchen aber geeignete Kletterhilfen.

An Stäben, Stangen und Schnüren ziehen

Im Handel sind bewährte Produkte erhältlich. Genauso gute Dienste leisten Eigenkonstruktionen, die sich mit einfachen Mitteln fertigen lassen. Die Kletterhilfen richten sich nach der Pflanzenart und Wuchsform. So kommen echte Kletterpflanzen wie Stangenbohnen an Schnüren oder dünnen Stäben zurecht, die sie mit ihren dünnen Trieben leicht umschlingen können. Kürbisse sind auf Kletterhilfen angewiesen, die ihren Ranken Halt geben. Bewährt haben sich Maschendrahtzäune oder Spaliere aus dünnen Stäben. Dagegen sind Tomaten auf Stützen angewiesen, die ihre schwachen Stängel vor dem Umkippen oder Zusammensacken bewahren. Neben stabilen Stäben eignen sich auch Schnüre, die beispielsweise am Gewächshausrahmen befestigt sind. Die behaarten Triebe der Tomaten klammern sich daran fest und straffen die Schnüre. Sie können so ohne zusätzliche Bänder oder Befestigungen nach oben wachsen.

Stabile Gestaltungselemente

Die Kletterhilfen lassen sich in Kombination mit ausgewählten Pflanzen gezielt als Gestaltungselemente nutzen. So stellen beispielsweise freistehende Spaliere, die mit Bohnen oder Kürbispflanzen begrünt werden, attraktive Sichtschutzelemente dar. Genauso schön und nützlich sind Zelte aus Bohnen oder anderen Schlingern, die aus jeweils einem Stützstab in

Phaseolus, Bohnenzelt

Stangelbohnen

Bohnenstangen

der Mitte und mehreren rundherum gut verteilten Schnüren entstehen. Solche Gemüsezelte dienen als Verstecke für Kinder; nebenbei tragen sie im Sommer jede Menge Früchte. Die frischen Bohnen sind allerdings nicht für den Verzehr geeignet. Sie müssen erst gekocht werden, damit die Giftstoffe entweichen.

Bohnenstangen für Stangenbohnen

Gut bewährt haben sich Zelte aus Bohnenstangen. Dazu dienen lange Holzstangen aus dem Wald (notfalls sind auch Dachlatten gut genug). Sie werden jeweils zu zweit in Abständen von etwa 1 m zeltförmig in den Boden gesteckt und oben mit einer Querstange verbunden. Solche Bohnenzelte dienen weniger als Unterschlupf, sondern sie bieten den Bohnen einen stabilen und luftigen Platz zum Wachsen. Pro Stange kommen etwa 5 Bohnensamen in den Boden. Dadurch bildet sich ein üppiger Bewuchs, der reichlich blüht und fruchtet. Es lohnt sich, verschiedene Sorten zu kombinieren, dann gibt es rote, weiße und gespenkelte Blüten auf grünem, blauem oder gelbem Blattwerk, aus denen sich bunte Früchte entwickeln. Natürlich lassen sich die hohen schlanken Stangen auch für andere Kletterpflanzen nutzen.

TIPP: Bewässerungshilfen

Für gutes Gedeihen brauchen die vorwiegend starkwüchsigen Kletterpflanzen einen tiefgründigen Boden und eine reichliche Nährstoffversorgung. Beim Pflanzen sollte die Aushuberde mit Kompost verbessert werden. Zudem sind während der Wachstumszeit regelmäßige Wassergaben nötig. Es lohnt sich, schon bei der Pflanzung Blumentöpfe in den Boden einzusenken, die das Gießen erleichtern. Das Mulchen mit Rasenschnitt oder Stroh vermindert die Verdunstung und erhält die Bodenfeuchtigkeit.

Zäune begrünen

Gartenzäune bieten sich als Kletterhilfen für Gemüsepflanzen geradezu an. Ideal sind Maschendrahtzäune, die sowohl den Schlingen der Bohnen als auch den Ranken der Gurken und Kürbisse eine tragfähige Basis geben. Aber auch andere Zäune sind gut als Klettergerüste geeignet. Dazu werden die Samen oder vorkultivierte Jungpflanzen in ausreichenden Abständen direkt neben den Zaun in den Boden gesteckt oder gepflanzt. Sie wachsen zügig auf und bilden bald dichte Bestände.

Baustahlgewebe

Im Handel sind spezielle Ranknetze erhältlich, die wie Zaunelemente in die Beete gestellt und mit Spannschnüren befestigt werden. Die leichten Kletterhilfen eignen sich vorzugsweise für Bohnen, Erbsen und Gurken. Tragfähiger sind Rankgerüste aus Baustahlmatten. Diese stabilen Stahlgeflechte lassen sich mit einem Bolzenschneider in beliebig große Stücke zurichten und mit Baustahlstangen im Garten fixieren. Sie bieten sich besonders für Gurken, Kürbisse und andere Gemüse an, die schwerere Früchte entwickeln. Die Stahlgitter halten auch ohne Behandlung viele Jahre. Ein Rostschutz ist in einer Verzinkerei möglich (Adressen stehen im Branchentelefonbuch).

Starke Stangen für schwache Stängel

Für Tomaten gibt es verzinkte oder kunststoffummantelte Spiralstäbe, gerade Stäbe mit speziellen Halteklammern und andere Produkte im Fachhandel. Solche Stützen sind viele Jahre immer wieder einsatzbereit, wenn sie im Herbst gereinigt und überwintert werden. Genauso eignen sich selbstgemachte Stangen aus Baustahl oder Baumpfähle, die sonst als Anwachshilfen bei Gehölzpflanzungen nützlich sind.

Stangenbohnen, Phaseolus an Spannseilen

Bäume als Kletterhilfen

Wie in südlichen Regionen, wo Maulbeerbäume gelegentlich als Kletterhilfen für Weinreben dienen, lassen sich auch Gartenbäume zur Begrünung mit Kletterpflanzen nutzen. So ranken Kürbisse oder Herkuleskeulen weit in die Kronen alter Obstbäume, wenn sie in Stammnähe gepflanzt und im Jugendstadium nach oben geleitet werden. Wichtig ist eine reichliche Kompostversorgung bei der Pflanzung, damit die starkwüchsigen Kletterer genügend Nährstoff erhalten und nicht mit der Wirtspflanze konkurrieren.

Flechtwerk aus Weiden

Weidenbäume sind wohl die vitalsten Gehölze, die es gibt. Frische Zweige bilden Wurzeln, wenn sie in den Boden gesteckt werden. Weiden bieten sich deshalb auch für lebende Zäune an.

Wachsende Weidenzäune

Weidenzaun

Angefangen bei der Silberweide (Salix alba) bis hin zur Korbweide (S. viminalis) sind mehr als 60 Weiden-Arten in winterkalten Regionen der Erde verbreitet. Hinzu kommen noch Züchtungen, die sich besser für europäische Hausgärten eignen; so etwa die kleinkronige Hängekätzchenweide (S. caprea „Pendula"). Silberweiden, Korbweiden und andere großkronige Arten passen besser an Flussläufe oder Seen – es sein denn, sie werden durch den Schnitt klein gehalten.

Rohstoffquellen für Flechtwerk

Weidenbäume sind äußerst schnittverträglich. Durch ihre enorme Austriebsfähigkeit dienen sie schon seit Jahrhunderten als wertvolle Nutzpflanzen und Rohstoffquellen für Flechtwerk. Sie werden dazu jedes Jahr im Winter radikal bis auf kurze Stummel zurückgeschnitten. Danach bringen sie wieder meterlange Jahrestriebe hervor. Diese elastischen Weidenruten eignen sich vorzüglich für Flechtwerk etwa für Körbe, Zäune oder Lauben. Die regelmäßige Schnittgutgewinnung schadet den Pflanzen nicht. Vielmehr hat sie die Entwicklung immer üppigerer Sträucher oder bei Baumformen buschigerer Köpfe zur Folge. Als Kopfweiden eignen sich am besten Arten, die Stämme bilden. Am schönsten sind die gelbholzigen Korbweiden (Salix viminalis), aber auch Silberweiden (S. alba) und strauchförmige Arten wie Salweiden (S. caprea) oder Reifweiden (S. daphnoides) entwickeln brauchbare Triebe.

Sichtschutzzaun aus Flechtwerk

Kopfweiden selbst ziehen

Die Erziehung ist ganz einfach. Und zwar wird zunächst eine Jungpflanze eingesetzt. Sie darf bis zu einer gewünschten Kronenhöhe aufwachsen. Sobald sie diese erreicht hat, wird sie geköpft. Nach dem Rückschnitt bringt sie aus der Schnittstelle mehrere Triebe hervor. Diese werden im nächsten Winter wieder gestutzt. Nur kurze Stummel bleiben stehen. Aus jedem dieser Stummel treiben wieder junge Triebe. Nach und nach bildet sich auf diese Weise ein typischer Weidenkopf. Ein solcher Baum hat selbst in einem kleinen Garten genug Platz und kommt besonders am Gartenteich gut zur Geltung. Allerdings muss er regelmäßig gestutzt werden, sonst verwildert er und bildet je nach Art ein große Krone.

Sichtschutzzaun aus Weidenflechtwerk, Salix

Eigene Anzucht

Jungpflanzen lassen sich leicht aus Steckhölzern ziehen. Dazu brauchen Sie junge Triebe (etwa von einem schönen, alten Weidenbaum), die Sie im Winter schneiden, auf Scherenlänge einkürzen und in Töpfe mit feuchtem Sand oder direkt in ein Beet im Garten stecken. Diese Hölzchen bilden schon im Sommer nach dem Stecken feine Faserwurzeln. Kräftige Jungpflanzen können Sie bereits im Herbst an ihren Bestimmungsort in den Garten umsetzen.

Flechtzaun mit Pfosten

Die langen, biegsamen Weidenruten lassen sich miteinander zu Körben, Matten oder Zaunelementen verflechten oder aber für Zäune nutzen. Ein Flechtzaun kann mit Hilfe von Pflöcken errichtet werden. Als solche dienen gleichermaßen Weidenhölzer, jedoch schon alte, stabile Stammstücke. Sie werden je nach gewünschter Zaunhöhe zugeschnitten und in nicht zu großen Abständen in den Boden eingegraben. Die Abstände richten sich nach der Länge der Ruten. Diese müssen sich jedenfalls fest einflechten lassen. Anders als fertige Zaunelemente, die keinen Bodenkontakt haben und zwischen zwei Pfosten befestigt sind, wachsen die im Boden sitzenden

Weidentipi bauen: Stäbe setzen

Stäbe binden

Weidenpflöcke an und treiben aus. Die jungen Triebe müssen dann regelmäßig im Winter zurückgeschnitten werden. Sie lassen sich aber gleich wieder für neues Flechtwerk nutzen.

Wachsender Weidenzaun

Das Flechten eines lebenden Zaunes ist auch ohne Pfosten nur mit jungen Weidenruten möglich. Eine stabile Konstruktion entsteht, indem die langen Jahrestriebe in geringen Abständen abwechselnd schräg in den Boden gesteckt werden. Auf diese Weise kommen rautenförmige Muster zustande. An den Überkreuzungsstellen werden die Triebe mit Bast oder einer anderen Naturfaserschnur verbunden. Die Schnur darf bei zunehmendem Dickenwachstum nicht in die Rinde einschneiden. Kunststoffschnüre sind deshalb ungeeignet. Strenge Bastverbände oder Schnüre aus Hanf, Sisal oder anderen Materialien müssen rechtzeitig nach einigen Jahren gelöst werden. Der Weidenzaun braucht nach dem Stecken regelmäßig Wasser, damit die Ruten Wurzeln bilden. Später, wenn er gut angewachsen ist, muss er regelmäßig im Winter geschnitten werden. Statt dieses Zaun-Typs mit schrägen Trieben sind natürlich auch andere Varianten machbar. Das kann z. B. ein lebender Zaun aus senkrechten Trieben sein, die in geringen Abständen in den gelockerten Boden gesteckt werden. Die nötige Stabilität erhalten die Triebe durch das Einflechten von waagerechten Ruten.

Einen Weidenzaun erstellen

Für einen Zaun aus Weiden sind neben den langen Ruten, die zum Flechten dienen, etliche dickere Zweige oder Äste nötig. Die Anzahl richtet sich nach der Zaunlänge und dem Abstand der Pfosten. Die Ruten sollten jedenfalls keine

Ausbauen

Weidentipi ausgetrieben

zu großen Zwischenräume überspannen, damit sie straff zwischen den Pfosten sitzen. Die Pflöcke geben festen Halt, wenn sie etwa 50 cm tief im Boden stecken. Sie lassen sich nach dem Anspitzen mit einem Vorschlaghammer einrammen. Ausgesplittertes Holz wird später nachgeschnitten, sodass die Pfosten glatte Köpfe haben. Auf diese Art werden übrigens in großen Baumschulen Kopfweiden vermehrt. Dazu dienen bereits dicke Äste oder Stämme, die einfach in den Boden gerammt und zur Bewurzelung gebracht werden. Nach dem Einschlagen der Weidenpflöcke kommt das Einflechten der Zaunfelder an die Reihe. Dazu werden die jungen elastischen Ruten vom Boden aus jeweils wechselweise je nach deren Länge zwischen drei oder mehr Pfosten eingeflochten. Ein strenges Schema gibt es aber nicht. Wichtig ist, dass die Ruten fest sitzen und ein stabiles Flechtwerk Form annimmt. In feuchtem Boden bilden die Zaunpfosten Wurzeln. Sie treiben oft schon im folgenden Frühjahr aus. Kräftige junge Triebe sind im nächsten Winter als Schnittgut für Flechtarbeiten brauchbar. Möglichkeiten gibt es überall im Garten. Weidentriebe eignen sich für weitere natürliche Zäune oder Einfriedungen sowie für Torbögen, wenn sie lang genug sind, für Spielzelte, Kletterhilfen, Kompostsilos und vieles mehr. Sie können auch für Handarbeiten im Haus nützlich sein.

TIPP

Neben Weiden, die es in verschiedenen Rindenfarben gibt, haben sich auch andere Gehölze für Flechtwerk bewährt. So bringen beispielsweise Rotholzhartriegel, und Haselsträucher lange elastische Ruten hervor. Sehr dekorativ wirken Flechtarbeiten aus verschiedenen Holzarten in gelben, roten und braunen Farben.

Sichtschutz mit Ampeln, Etageren und Paravents

Terrassen in neuen Gärten liegen nach der Anlage noch ohne Sichtschutz am Haus. Bis die Hecken dicht sind, können große Kübelpflanzen und hohe Pflanzenmöbel zur Abschirmung dienen.

Blumenetagere

Eine massive Blumenetagere ist einfach zu bauen; die Investition für das Bauholz, die Plastikkästen und die Erde lohnt sich, denn das fertige Möbel lässt sich im Sommer draußen und im Winter drinnen als Raumteiler nutzen. Nach der Gartensaison nehmen statt der Pelargonien oder anderer Sommerblumen ausgewählte Zimmerpflanzen den freien Platz in den Kästen ein.

Holzverkleidung für Plastikkästen

Als Maß dienen Plastikkästen, die es in Längen von 60, 80, 100 oder 120 cm zum kaufen gibt. Dementsprechend ist die Breite des Möbels zu wählen. Beim Einsatz von 80er Pflanzkästen müssen die Holzkästen einen Innenraum von mindestens 80 cm Länge haben. Die Höhe des Möbels richtet sich nach der Anzahl an Holzkästen. Beim Einbau von drei Etagen und einem Bodenkasten erreicht der Aufbau eine Höhe von 180 cm. So bleiben noch ausreichend große Abstände, die den Pflanzen genügend Raum zur Entfaltung bieten. Der hohe Aufbau braucht eine großflächige Basis, damit der Wind das fertige Möbel nicht umwirft. Der Bodenkasten ist deshalb ausladender zu beschaffen. Er hat innen eine Grundfläche von 80 cm x 60 cm. Dadurch haben drei Kunststoffkästen nebeneinander Platz. Die oberen Etagen nehmen jeweils einen Plastikblumenkasten auf, sie sind nur 20 cm breit.

Holzdübel oder Schraubverbindungen

Zunächst werden die einzelnen Holzkästen gezimmert. Dübel sind unsichtbar und halten dennoch, wenn man auf die Verbindungsstellen wasserfesten Leim streicht. Beim Bohren helfen so genannte Holzdübler. Die einfachen Geräte sind leicht zu handhaben; es gibt verschiedene Typen, die alle exaktes Bohren ermöglichen. Schraubverbindungen sind selbstverständlich schneller zu bewerkstelligen und genauso stabil. Allerdings bleiben die Schrauben sichtbar. Geübte Heimwerker sollten sich sowohl beim Aufbau mit Dübeln als auch mit Schrauben etwa 1 Tag Zeit nehmen. Die einfachen Holzkästen können übrigens auch frei stehend – etwa auf einer Fensterbank – genutzt werden. Sie lassen sich in beliebigen Größen mit wenigen Bauteilen und einfachen Werkzeugen anfertigen. Der

Zuschnitt der Bretter ist auch mit einer Bügelsäge oder einer Stichsäge möglich. Untersetzer aus Kunststoff oder Teichfolienstücke nehmen das überschüssige Gießwasser auf und bewahren das Holz vor Nässe und Fäulnis.

Aufbau

Die Kästen werden von unten nach oben zwischen vier Kanthölzer eingebaut. Dabei sind Schraubzwingen hilfreich. Sie halten die Bauteile während dem Zusammenschrauben sicher fest. Vorher müssen die Kanthölzer genau im rechten Winkel eingerichtet werden. Als Abstand von Etage zu Etage genügen 30 cm. Die Abstände zwischen den seitlichen Streben richten sich nach der Breite der oberen Holzkästen. Die Schrauben bleiben unsichtbar, wenn man sie von innen nach außen durch die Kastenwände hindurch in die Kanthölzer dreht. Das Vorbohren ist bei gebräuchlichen Spanplattenschrauben nicht nötig.

Rollen machen beweglich

Nach der Fertigstellung des Möbelstücks sind nur noch die Rollen zu montieren, dann ist die Etagere jederzeit leicht beweglich. Dafür eignen sich Möbelrollen, die in verschiedenen Qualitäten zu bekommen sind.

Imprägnieren

Mehrfaches Streichen mit einem ausgewählten Holzschutzmittel macht dauerhaft wetterfest. Das kann eine Lasur sein oder ein farbiger Lack, der mit einem Pinsel oder einem Roller aufgetragen wird.

Blumenschmuck

Zur Bepflanzung können Pelargonien oder andere Balkonblumen dienen. Im Frühjahr macht das Angebot der Gärtnereien eine bunte Auswahl möglich. Vorkultivierte Topfpflanzen sind schon gut durchwurzelt. Sie wachsen zügig an und bringen schon im Frühjahr reichlich Blüten. Die Kunststoffkästen werden durchbohrt und mit Blähton drainiert; auf die Entwässerungsschicht kommt Vlies, damit das Wasser durchsickert, die Erde aber erhalten bleibt. Plastikuntersetzer fangen überschüssiges Wasser auf.

Blumenampeln – Hanging Baskets

Blumenampeln am Balkon

„Hängende Körbe" oder Blumenampeln bieten besonders für überhängende Pflanzen ideale Entwicklungsmöglichkeiten. In den schwebenden Pflanzgefäßen können sich Petunien, Hängegeranien oder auch schöne überhängende Blattpflanzen wie der Zierweihrauch, die Grünlilie oder der Nestfarn ungehindert entfalten. Die bepflanzten Körbe lassen sich beliebig gestalten und auf Balkonen und Terrassen befestigen.

Es müssen keine Körbe sein, die den Ampelpflanzen ein Quartier bieten. Genauso gut eignen sich Tontöpfe, Kunststoffbehälter, Holzkästen und andere verrottungsfeste Gefäße, die in luftiger Höhe auf Balkonen oder Terrassen hängen. Zum Befestigen dienen Schnüre, Ketten oder Drähte. Wichtig ist, dass die Gefäße genug Platz zum Bepflanzen bieten und die Last aushalten können. Keinesfalls dürfen sie durch das Gewicht der nassen Erde oder bei einem Sommergewitter losgerissen werden. Sicherheitshalber brauchen alle Ampeln eine sturmfeste Verankerung. Wie bei jedem Pflanzgefäß muss der Wasserabzug möglich sein. Dennoch darf überschüssiges Gießwasser keine Bauschäden verursachen. Meist hängen die Blumenampeln im Regenschatten an der Balkondecke. Hier ist eine gezielte Wasserversorgung per Gießkanne kein Problem. Sie muss aber – genauso wie die Düngung und das Ausputzen welker Blüten – den ganzen Sommer hindurch möglich bleiben. Die Ampeln sollten nicht zu hoch hängen oder per Stehleiter erreichbar sein. Ansonsten brauchen hängende Pflanzgefäße nicht mehr Pflege als gewöhnliche Balkonkästen. Sie können aber sehr wirkungsvoll zur Gestaltung beitragen. Ein üppiger Korb lässt sich beispielsweise zum Kaschieren einer kalten Betondecke in Szene setzen. Die Pflanzenfülle kann auch als Sichtschutz dienen oder eine hässliche Aussicht verdecken. Natürlich dürfen die Nachbarn dadurch nicht gestört werden.

Schöne Pflanzen präsentieren

Die luftige Lage kommt besonders den typischen Ampelpflanzen zugute. Petunien, Hängepelargonien oder Fächerblumen können sich in den „hängenden Gärten" frei entfalten. Bei reichlicher Versorgung bringen diese Dauerblüher meterlange Girlanden hervor. Natürlich bekommen sie wie bei der Bepflanzung in Kästen die für sie besten Plätze – vorzugsweise in vollsonniger geschützter Lage. Aber auch für schattige Balkons sind Arrangements möglich. Hier gedeihen Farne, Grünlilien oder Efeupflanzen, die einzeln oder gemeinsam in den Ampeln ihre überhängenden Blätter und Triebe entwickeln. Dazu können auch vorhandene Zimmerpflanzen dienen, die einen Aufenthalt in der Sommerfrische gut vertragen. Wie bei jeder Balkonbegrünung ist es ratsam, zunächst mit wenigen Gehängen zu beginnen. Immerhin müssen die Pflanzen regelmäßig versorgt werden. Wer gerne reist, ist auf Pflegepersonal angewiesen. Einfacher sind ausdauernde Ampelpflanzen wie Weinreben, Blauregen oder Hopfenpflanzen zu pflegen, wenn diese im Gartenboden wachsen und nach oben zum Balkon gelenkt werden. Der Blauregen bringt dann seine duftenden Blüten jedes Jahr wieder im Frühjahr hervor. Allerdings dauert der Flor nur wenige Tage. Weintrauben und Hopfenzapfen hängen vom Sommer bis zum Herbst von der Balkondecke. Diese Pflanzen brauchen ein tragfähiges Klettergerüst.

Korb bepflanzen

Im Handel sind Hängekörbe aus Metall in verschiedenen Größen zu bekommen, die zur Aufbewahrung von Obst und Gemüse in der Küche dienen. Sie lassen sich aber auch sehr gut als Blumenampeln nutzen. Die stabilen Gitter hängen an belastbaren Ketten, die mit einem Schraubhaken an der Balkondecke zu befestigen sind. Je nach Größe nehmen sie ein oder mehrere Ampelpflanzen auf, nachdem sie mit Wasserauffangschalen ausgestattet wurden. Bei fülligen Gewächsen genügen auch einfache Kunststoffgefäße zur Bepflanzung. Sie werden ohnehin recht rasch vom Blattwerk und von Blüten überdeckt. Immergrüne Arten wie Efeu, Schwertfarn und Tradeskantie lassen sich im Herbst mit den mehrjährigen Sommerblühern wie Pelargonien und Fuchsien einfach vom Balkon ins Haus umhängen. Sie bleiben in einem hellen Raum weiterhin gesund und wüchsig. Die Pelargonien blühen drinnen sogar weiter. Einjährige wie Petunien und Kapuzinerkresse landen im Herbst auf dem Kompost.

„Standing Baskets"

Hängende Gewächse eignen sich sehr gut zur Bepflanzung von Etageren oder Säulen. Solche „stehenden Ampeln" können nach eigenen Maßen selbst gebaut werden. Dazu dienen Blumenkästen aus Kunststoff, die nach dem Aufbau in die Holzetagere eingesetzt werden.

Die Gestaltung dekorativer Pflanzbehälter ist mit wenigen Mitteln möglich. Für eine stehende

Blumensäule bauen

Blumensäule

Blumenampel werden nur Töpfe, ein Werkzeugstiel und Holzdübel gebraucht. Zur Bepflanzung eignen sich je nach Saison Sommerblumen oder auch Zimmerpflanzen.

Ampeln sind eigentlich hängende Blumenbehälter. Die wörtliche Übersetzung des lateinischen Worts ampulla = Fläschchen lässt aber auch eine weniger strenge Anwendung zu. Jedenfalls gedeihen überhängende Pflanzen sehr gut in Blumentöpfen, wenn diese in luftiger Höhe befestigt sind. Das ist mit Hilfe eines gewöhnlichen Werkzeugstieles möglich, der als Ständer für die Töpfe dient. Bei großen Töpfen kann natürlich auch ein stärkerer Stab zum Einsatz kommen, der mehr Stabilität bietet. Rundholzstäbe gibt es mit unterschiedlichen Stärken in Baumärkten. Falls nötig müssen die Töpfe dann unten aufgebohrt werden, damit der Stab durch die Wasserabzugsöffnung passt. Das ist mit einem Bohrkranz für Fliesen oder Steinzeug möglich, den es als Vorsatzgerät für die Bohrmaschine gibt.

Ampel aufbauen und bepflanzen

Für Töpfe mit einem Durchmesser bis etwa 30 cm genügt ein gewöhnlicher Werkzeugstiel, der sich ohne zusätzliches Aufbohren durch die Wasserabzugslöcher schieben lässt und noch ausreichend stabil ist. Wichtig ist ein fester Stand des Holzstabs im untersten Topf. Damit dieser nach der Befüllung der Töpfe nicht kippt und die fertige Blumensäule auch Stürmen standhält, muss er sicher verankert sein. Das kann mit Sicherungshölzchen erfolgen, die kreuzweise zwischen die Topfwände eingespreizt werden. Der Stab steht ebenso sicher, wenn der Topf statt der Erde eine Befüllung mit Kieseln erhält. Dann ist allerdings keine Bepflanzung möglich. Die oberen Töpfe sitzen in der gewünschten Höhe sicher auf Holzstäben, die durch den Werkzeugstiel gesteckt werden. Dazu sind jeweils in der Höhe des Topfbodens Bohrungen nötig. Die Töpfe sollten natürlich in ausreichenden Abständen platziert sein, so dass die Ampelpflanzen genügend Raum zur Entfaltung haben. Damit die Töpfe fest auf den Rundhölzchen stehen bleiben und nicht kippen, bekommen sie jeweils eine Sicherung aus einem zweiten Rundholzstab, der oben zwischen die Topfränder eingeklemmt wird. Die Töpfe können auch schräg aufgesetzt werden. Das erspart die oberen Sicherungshölzchen. Allerdings lässt sich die Wasserversorgung einfacher bewerkstelligen, wenn die Topfränder waagerecht sitzen.

Bepflanzung

Nach der Befestigung können die Töpfe sogleich mit dem Pflanzsubstrat gefüllt und mit den ausgewählten Sommerblühern oder mit anderen überhängend wachsenden Pflanzen bestückt werden. Diese Blumenampeln eignen sich zur Gestaltung von Balkon und Terrasse oder als Pflanzbehälter im Haus. Die Pflanzenauswahl richtet sich nach dem Standort. Die Gestaltung ist sowohl mit Pflanzen einer bestimmten Art möglich, so etwa mit immergrünem Efeu oder mit Königswein, oder auch mit winterharten Gewächsen, die ganzjährig im Freien bleiben. Das können Erdbeerpflanzen sein oder Polsterstauden. Die Ampel lässt sich auch abwechselnd gestalten. So nehmen die Töpfe beispielsweise im Sommer Kapuzinerkresse, Hängepelargonien und Petunien auf. Im Winter werden sie mit Zimmerpflanzen be-

Blumen in Zwiebelsack

stückt. Die Umstellung vom Balkon ins Haus ist mit Hilfe eines Rollbords möglich.

Ton statt Plastik

Die Töpfe machen sich ganz wesentlich bei der Gestaltung bemerkbar. Einfache trichterförmige Tontöpfe sind zwar schwerer als Kunststofftöpfe. Sie sehen aber schon nach der Bepflanzung dekorativ aus. Die schweren Tontöpfe geben der Säule im Übrigen mehr Standfestigkeit als leichte Kunststofftöpfe. Wer es bunt mag, kann statt der rötlich braunen Terrakotta-Töpfe auch bunt glasierte Keramik wählen.

TIPP

Probieren Sie schon beim Einkauf der Einzelteile, ob sie zusammenpassen. Die ausgewählten Tontöpfe sollten ausreichend große Wasserabzugslöcher haben. Für den Aufbau eignen sich vorzugsweise gerade Eschenholzstiele. Dübelhölzer zum Befestigen der Töpfe gibt es in verschiedenen Längen und Stärken.

Paravent aus Naturmaterialien

Sichtschutz zum Umstellen

Die mobilen Raumteiler oder Spanischen Wände gehören in asiatischen Ländern zur Ausstattung der Wohngebäude. Dort gibt es sehr kunstvoll gestaltete Produkte vorwiegend aus Holzrahmen und Papier mit 3, 4 oder mehr faltbaren Elementen. In Mittelmeerländern kommen diese Stellwände auch auf Balkonen und Terrassen zum Einsatz. Hier wirken sie gleichermaßen zum Schutz vor Einblicken und Wind (französisch „Paravent" = gegen den Wind). Im Prinzip funktionieren sie gleich, und zwar werden die Wände mit Scharnieren verbunden. Dadurch lassen sie sich zusammenklappen und leicht verstauen, wenn sie nicht gebraucht werden. Bei Bedarf ist eine Platzierung mit wenigen Handgriffen möglich. Die beweglichen Elemente bilden keine einheitliche Wand. Mit Hilfe der Scharniere werden sie verwinkelt aufgestellt. Dadurch bleiben sie ohne Befestigungselemente von selbst stehen. Damit das Aufstellen und Abräumen mühelos gelingt, ist es nötig, dass eine Spanische Wand aus leichten Materialien besteht. Dazu dienen vorwiegend schmale Holzrahmen, die mit Papier bespannt sind. Bewährt haben sich auch Metallrahmen aus Aluminium-Rohren. Den Sichtschutz bieten Textilien.

Preisgünstige Produkte

Im Versandhandel, über Internetversteigerungen oder in Möbelmärkten gibt es eine Reihe von Paravents in verschiedenen Ausführungen, etwa aus Bambus, aus Flechtwerk, aus Holz oder mit einer Papierbespannung, recht preiswert zu kaufen. Bei Bedarf kann ein fertiges Produkt schnell beschafft werden. Auch hier ist der Klappmechanismus von

Weiden, Salix caprea, schneiden

Nutzen, zumal sich das Möbel leicht verstauen und transportieren oder versenden lässt. Zuhause kann die Spanische Wand dann mit wenigen Handgriffen ausgepackt und aufgestellt werden. Sie bietet beispielsweise schnell einen Sichtschutz auf einem Balkon, im Garten neben einem Badeteich oder auch im Haus in einer gemütlichen Sitzecke. Fürs Freiland sind stabilere Produkte erforderlich als im Haus. Draußen muss der Paravent auch Windböen standhalten. Allerdings ist am Balkon oder auf der Terrasse eine Befestigung am Geländer oder an einer Pergola möglich, wenn der Sichtschutz den Sommer über als dauerhafte Einrichtung dienen soll.

Eigenbau aus Holzleisten

Eine stabile Konstruktion kommt zustande, wenn die Rahmen aus gehobelten Kanthölzern

Weidenruten binden

vom Baumarkt montiert werden. Das ist mit Winkelverbindern aus Metall oder mit Holzdübeln machbar. Der Zusammenbau erfolgt mit Scharnieren, die beidseitig klappbar sind. Zur Bespannung dient ein wetterfester Stoff, wenn der Paravent draußen stehen soll. Für drinnen ist auch ein festes Papier ausreichend. Zum Befestigen eignen sich Reißnägel oder Heftklammern.

Rahmen aus Ruten

Wer einen Paravent aus Naturmaterialien erstellen möchte, kann dies mit Rundholzstäben und Jutegewebe bewerkstelligen. Zum Zusammenbinden eignet sich eine Pressschnur oder eine andere Kordel aus Naturfasern. Zu beachten ist, dass frisch geschnittene Triebe von Birken, Haseln oder Weiden noch schwinden. Das heißt, dass sie beim Austrocknen dünner werden. Bei Verwendung von frischen Ruten lockern sich die Schnüre. Sie müssen dann nachgebunden werden. Besser ist es, die Ruten erst trocknen zu lassen, bis sie die endgültige Stärke haben. Die Bindungen müssen mehrmals überkreuzt werden und stramm sitzen, damit feste Rahmen entstehen. Bei lockeren Bindungen bleibt der Paravent nicht sicher stehen. Die nötige Stabilität bekommen die einzelnen Elemente durch das Einflechten und Aussteifen mit weiteren Trieben. Vor allem sollten die Ecken ausgesteift werden, damit sich die Rahmen nicht verziehen.

Warum Weiden?

Weiden sind deshalb besonders geeignet, weil sie lange, gerade Jahrestriebe bilden, die den-

Weidenrahmen

Jutegewebe zuschneiden

noch ein festes Holz haben. Dazu regt sie der Rückschnitt im Winter an. Weiden für die Schnittgutgewinnung lassen sich sogar radikal bis zum Boden stutzen. Danach bringen sie in der folgenden Saison mehrere Meter lange Jahrestriebe hervor. In Weidenzuchtbetrieben stehen die Pflanzen für die Schnittgutgewinnung in langen Reihen, die dann jedes Jahr im Winter „auf den Stock gesetzt", also radikal bis zum Wurzelstock zurückgeschnitten werden. Dort sind Triebe zum Flechten oder für ein Paravent zu bekommen. Gelegentlich gehen auch im Garten wilde Weiden auf, die sich dazu eignen. In freier Natur dürfen Weiden nur ausnahmsweise gestutzt werden, etwa wenn sie auf Brachland stehen, das in Baugelände umgewandelt wird oder anderenorts, wo die Sträucher stören und gerodet werden. Die günstigste Zeit dazu ist im Winter etwa bis zum neuen Austrieb im April. Für den Rückschnitt der starken Triebe ist eine gute Gartenschere oder eine Astschere mit langen Holmen nötig.

Jute, Leinen oder Hanf

Zum Zusammenbinden genügt eine gebräuchliche Naturfaserschnur (z. B. Paketschnur). Als Sichtschutz eignet sich ein Jutegewebe, das als Frostschutz für Gartenpflanzen verwendet wird. Dieses Gewebe gibt es als Rollenware in Gartenmärkten. Natürlich lassen sich auch andere Naturstoffe zum Bespannen nutzen, so etwa Leinen oder Hanf. Auch diese Stoffe sind als Meterware im Fachhandel oder von Versendern zu bekommen. Für einen Paravent im Haus sind gewaschene Stoffe zu bevorzugen. Jutegewe-

Jutegewebe festgebunden

Paravent

be, Stoffe aus Kokosfasern und dergleichen fuseln stark. Zur Gestaltung können weitere Naturmaterialien beitragen, beispielsweise Birkenreisig, Schilfrohr und verholzte Staudenhalme. Zu beachten ist, dass die Wand nicht zu wuchtig oder zu schwer wird.

Urig oder fein?

Die Gestaltung richtet sich nach dem persönlichen Geschmack und natürlich auch nach dem Standort. Draußen darf ein Paravent rustikaler und natürlicher wirken als in einem gepflegten Wohnraum. Im Freien am Balkon oder auf der Terrasse stören auch fransige Ränder, überhängende Schnüre oder abstehende Zweige nicht. Sie tragen vielmehr zur Gestaltung bei. Allerdings verhindern überstehende Querstreben das Aufklappen auf beide Seiten. Damit lassen sich die Elemente des Paravent nur rechtwinklig aufstellen. Wenn die überstehenden Zweigenden stören, sollten sie bündig am Rahmen abgeschnitten werden. Als Scharniere für einen Naturparavent dienen Bindungen aus Schnüren. Diese sollten in Form einer 8 gebunden werden. Durch das Umschlingen sitzen sie straffer als einfache Bindungen in Form einer 0.

TIPP: Asiatischer Typ

Wer einen wuchernden Bambus im Garten hat, kann die störenden Triebe auch zum Rahmenbau eines Paravents nutzen. Die dünnen hohlen Bambushalme sind besonders leicht und extrem stabil.

Impressum

Copyright
Genehmigte Sonderausgabe für Universo
Universo ist ein Imprint des
Karl Müller Verlages – Silag Media AG,
Liebigstr. 1, 40764 Langenfeld